AF496850

LES TATOUAGES

ET LES

PEINTURES DE LA PEAU

PAR

M. G. VARIOT

EXTRAIT DE LA *REVUE SCIENTIFIQUE*

PARIS

ADMINISTRATION DES DEUX REVUES

111, BOULEVARD SAINT-GERMAIN, 111.

1889

LES TATOUAGES

ET LES

PEINTURES DE LA PEAU

Les types ethniques les plus divers sont réunis à Paris en ce moment, à l'occasion de l'Exposition; et il est bien rare que l'anthropologiste qui n'est pas en même temps un explorateur ait à sa disposition un champ d'études aussi ample. Chacun tirera parti, sans doute, à sa manière, de cette circonstance pour faire des recherches originales ou de contrôle; pour nous, restreignant notre investigation à un point de vue très limité, nous avons entrepris de faire une petite enquête sur les tatouages et les peintures de la peau.

Grâce à l'obligeante intervention do M. Moizard, médecin en chef de l'Exposition (1), et aux facilités qui nous ont été données par MM. les commissaires de la section coloniale, nous avons pu faire l'inspection dont nous allons rapporter sommairement les résultats. Cette inspection n'a pas été sans quelques difficultés. Les hommes en présence desquels nous nous trouvions ne parlent pas notre langue, ou même absolument dépourvus d'instruction, étaient naturellement défiants et ne se prêtaient pas toujours volontiers à notre examen, quelque discret qu'il fût.

Mais entrons dans le détail de nos observations.

(1) Nous devons beaucoup au bienveillant concours de M. Poupon, médecin de l'Exposition, qui a été vraiment notre collaborateur.

Tatouages algériens. — Les tentes arabes de l'esplanade des Invalides sont installées sur le modèle de celles que l'on rencontre dans les campagnes de la province de Constantine. Nous avons été accueilli par un cheik du district de Tébessa, qui a été élevé à l'européenne et qui, par suite, n'est pas tatoué.

Toutes les femmes jeunes et âgées qui sont assises dans les tentes sont tatouées. Sur le front, au-dessus de la racine du nez, chacune d'elles présente une croix à grande branche verticale composée de petites étoiles alignées. On voit en outre un ou deux traits verticaux sur le menton et une petite croix latine sur la région malaire.

Nous distinguons une lettre entre les sourcils d'un jeune garçon de huit ans environ. Toutes ces marques sont d'une teinte bleu foncé.

Les femmes sont très largement tatouées sur le dos des mains, sur les avant-bras, les bras, sur la base du cou et sur le haut de la poitrine. Les poignets sont particulièrement riches en guirlandes, en traits entre-croisés, en dessins circulaires qui simulent des bracelets.

Le tatouage est un usage commun aux Arabes des deux sexes; nos tirailleurs algériens, qui sont recrutés dans les tribus, sont fréquemment marqués au visage.

Si les tatouages algériens que nous avons vus se rapprochent des tatouages européens par leur teinte bleu foncé, ils s'en distinguent par la simplicité des ornements décoratifs : petites croix, traits droits, circulaires, entre-croisés, guirlandes, etc. La figuration humaine, si habituelle dans les empreintes européennes, est d'ailleurs absolument proscrite par le Coran. Enfin, caractère distinctif essentiel, le tatouage du visage est très commun chez les Arabes; il est même employé parfois comme marque de famille ou de tribu, tandis que, en France, les tatouages du visage sont spéciaux aux criminels et sont vraiment infamants. Qu'on nous permette à ce propos une courte réflexion. Il est fort naturel que les indigènes de notre armée

Fig. 1. — Jeune fille du village kabyle à l'esplanade des Invalides.

Les tatouages des mains et des avant-bras ainsi que ceux du cou sont bien apparents. Les tatouages du front et du menton manquent sur cette reproduction.

(Photographie de M. Damaschino.)

d'Afrique soient tatoués à la mode de leur pays. Mais combien il est fâcheux de voir les soldats européens, gagnés par l'esprit d'imitation sans doute, se couvrir la peau des membres et du corps d'empreintes dont la signification est tout autre en France qu'en Algérie. Que ne se souviennent-ils que le tatouage est une parure adoptée surtout par les malfaiteurs.

En *Kabylie,* les hommes n'ont pas l'habitude de se tatouer, d'après les renseignements que nous avons recueillis. Mais les femmes présentent des marques sur le visage, des dessins sur les membres et le haut de la poitrine, comme les femmes des Arabes nomades. Nous avons remarqué une petite fille kabyle, de sept ans, avec une étoile grande comme un pois sur le dos du nez, et de petites croix latines sur les mains et les avant-bras.

Voici ce que nous avons appris sur la technique du tatouage en Algérie. Habituellement, ce sont les femmes qui sont chargées de pratiquer cette petite opération sur les enfants, vers l'âge de sept à huit ans. Ces matrones se serviraient ou bien d'une pointe d'acier finement aiguisée pour scarifier la peau, ou plus souvent d'une épine de figuier de Barbarie pour faire des piqûres très serrées.

Après que le sang est étanché avec un tampon de laine brute de brebis, on étend à la surface des petites plaies soit du noir qui recouvre les marmites (noir de fumée), soit de la poudre de charbon de bois. Par des frictions légères, on fait pénétrer les particules de charbon dans l'épaisseur du derme où elles restent incluses.

Le *koël* serait aussi employé comme matière colorante des tatouages. C'est une poudre brune, formée de sulfure d'antimoine, dont les femmes arabes font un grand usage pour se maquiller.

Nous pouvons affirmer que le koël donne des tatouages qui se rapprochent beaucoup, comme nuance, des empreintes au charbon, car nous avons vu un jeune Kabyle avec un grand trait vertical bleu sur le front, dont la coloration était due au koël; cet homme nous a raconté qu'il s'était fait accidentellement une plaie, et que, pour obtenir une guérison plus rapide, il avait employé comme topique la poudre de koël. Il en était résulté un tatouage cicatriciel difforme.

Les tatouages sont réputés indélébiles en Algérie. Les Arabes et les Kabyles auxquels nous avons déclaré qu'on pouvait substituer facilement à ces marques une cicatrice peu apparente ont paru tout à fait incrédules.

Nous tenons cependant d'un officier de tirailleurs que les femmes arabes sont fréquemment détatouées quand elles changent de tribu.

Un Arabe, résidant à Alger, porte sur les avant-bras des guirlandes de fleurs et de feuillages; mais ces tatouages sont identiques à nos tatouages européens. Ils ont été faits avec le faisceau d'aiguilles trempé dans l'encre de Chine. La technique de nos tatoueurs remplacera probablement les procédés grossiers usités par les indigènes (1).

L'accueil que nous avons reçu dans la section tunisienne ne nous a pas permis de faire de constatations précises; nous ne pensons pas qu'il y ait lieu de le regretter, car les quelques tatouages que nous avons aperçus sur les bras des Tunisiens nous ont paru très analogues aux tatouages algériens.

Tatouages des Canaques. — Les Canaques qui ont été amenés à Paris ont été placés, autant qu'il est possible, dans leur cadre. Le campement contient plusieurs cases faites d'écorces d'arbres, recouvertes de chaume. Ces cases ont l'aspect de grandes ruches d'abeilles. A l'entrée du campement et des cases, on a placé des idoles de bois grossière-

(1) Les Arabes se teignent les ongles en rouge avec du henné, et dans quelques circonstances, ils recourent aux peintures guerrières pour se rendre le visage plus terrible. Il nous souvient d'avoir vu dans la province de Constantine un caïd resté fidèle à la France qui s'était teint la barbe en bleu pendant l'insurrection. *Barba guerra,* nous disait-il en montrant sa barbe encore teintée.

ment taillées. L'un des Canaques est instituteur à Canala, parle très convenablement notre langue et a pu converser avec nous ; un autre est le fils d'un chef important, un troisième exerce la profession de médecin (*takata*).

Le Canaque instituteur n'est pas tatoué, mais il a les lobules des oreilles largement perforés. Toute la partie charnue du lobule a disparu ; il ne reste qu'une mince bordure de peau périphérique.

On obtient ces perforations en introduisant dans le lobule de l'oreille de petits cylindres de bois de volume progressif.

Takata, le médecin, est tatoué sur la région deltoïdienne gauche. Le tatouage consiste dans cinq traits transversaux, de coloration bleuâtre. Chaque trait a environ quatre centimètres de longueur sur un millimètre de largeur, et est espacé du trait voisin d'un centimètre. Ce tatouage aurait été fait à l'aide d'un petit instrument de bois pointu sur lequel on frappe avec un maillet pour ouvrir la peau. On fait pénétrer ensuite dans les petites plaies de la poudre de charbon de bois mêlée au suc d'une plante.

Un des Canaques est tatoué au visage ; il est marqué sur les deux pommettes. Ces tatouages sont formés de deux cercles concentriques ; le plus extérieur est orné de dentelures. La coloration de ces empreintes est d'un bleu foncé ; il est donc à peu près certain qu'elles sont dues au charbon.

Si nous nous en rapportons au témoignage de l'instituteur canaque, le tatouage ne serait pas en honneur en Calédonie, comme il l'est dans d'autres îles océaniennes, et les empreintes cicatricielles seraient relativement plus communes que les empreintes colorées. En effet, l'un des hommes de cette intéressante colonie nous a montré sur la région deltoïdienne une cicatrice grande comme une pièce de cinq francs en argent. La peau, sur cette surface cicatricielle, est légèrement déprimée et plissée ; les bords sont saillants. La pigmentation est moindre sur cette cicatrice que sur la peau ambiante, qui est fortement bronzée.

C'est en signe de deuil, après la mort d'un chef, par exemple, que les Canaques ont l'habitude de se faire de profondes brûlures sur le haut des bras. La cicatrice que nous venons de décrire a été produite dans ces conditions.

Une des femmes canaques est également tatouée; elle présente sur chaque joue plusieurs traits bleus étendus de l'oreille à la commissure des lèvres.

Tatouages des nègres. — Chez les nègres, les marques homologues de nos tatouages sont le plus souvent des marques cicatricielles. La raison la plus plausible de cette préférence de la race nègre pour la décoration cicatricielle est vraisemblablement la couleur foncée de la peau. Tandis qu'une empreinte au charbon est nettement apparente sur la peau d'un blanc et même sur la peau foncée d'un Arabe ou d'un Canaque, elle est à peine visible sur la peau déjà noire d'un nègre.

Nous avons aperçu sur la peau du front d'un des nègres de Loango de petits tatouages faits au charbon, après excoriation préalable du derme. Il faut regarder de près pour voir de petites taches noires hyperpigmentées de la grandeur d'une lentille. Ces taches tatouées se distinguent mal sur le fond noir général de la peau. Aucun reflet bleuâtre comme dans les tatouages européens. Le pigment normalement accumulé chez le nègre dans les couches profondes de l'épiderme masque le pigment noir artificiellement introduit dans le derme par le tatouage.

Plusieurs hommes du village pahouin (*Adoumas*) ont la peau de l'abdomen garnie de guirlandes cicatricielles s'étendant des fausses côtes jusqu'au pubis. Chacune des cicatrices dont la réunion forme ces guirlandes a un centimètre environ de longueur sur deux millimètres de largeur. Ces traits individuels sont obliques et parallèles entre eux. Dans la région lombaire et au-dessus des crêtes iliaques formant ceinture, nous observons des traînées irrégulières de petites cicatrices, soit linéaires, soit cruciales.

Un nègre du Congo-Gabon présente tout le long de la

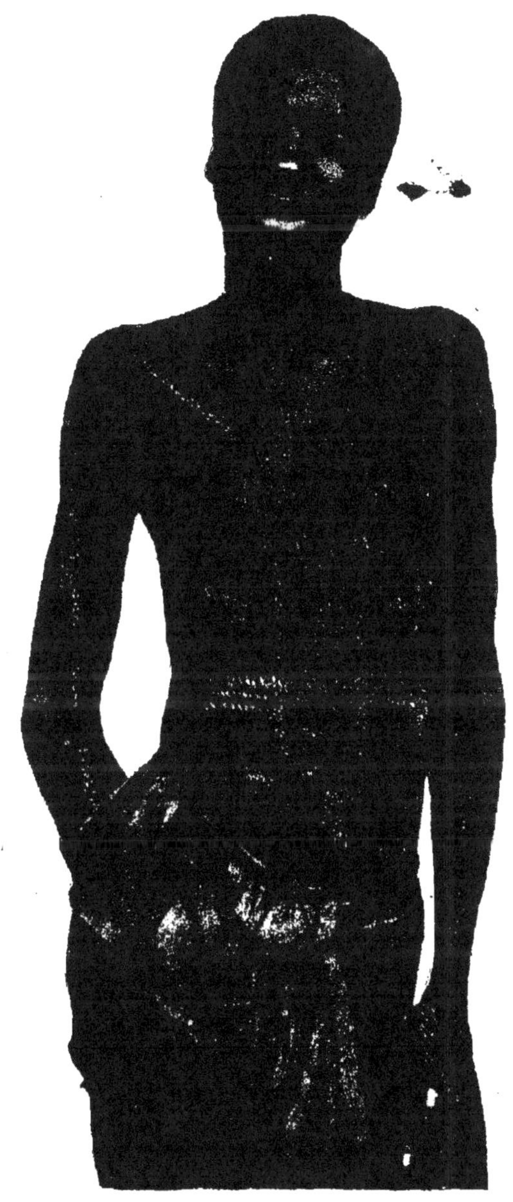

Fig. 2. — Nègre du Congo.

Dessins cicatriciels variés sur l'abdomen, la poitrine et les bras.

(Photographie communiquée par M. de Brazza.)

ligne blanche, depuis l'épigastre jusqu'au pubis, une bande noire, de trois travers de doigts de largeur, et uniformément hyperpigmentée. De chaque côté de cette bande, on voit une guirlande de cicatrices comme chez les hommes du village pahouin.

Toutes ces cicatrices décoratives, un peu saillantes, sont consécutives à de petites plaies très rapprochées faites au couteau. Il ne nous paraît pas douteux que les opérations nécessitées par cette ornementation singulière ne soient beaucoup plus douloureuses que les piqûres du tatouage vulgaire.

Les nègres qui ont subi ces incisions multiples vont se laver dans l'eau froide et, si les souffrances sont trop vives, ils enduisent les plaies avec de l'huile de palme. C'est l'antisepsie primitive.

Sénégalais. — Les nègres des villes de la côte n'ont pas l'habitude de se marquer. Le marquage cicatriciel est adopté surtout par les habitants de l'intérieur du pays, et spécialement par les Bambaras. C'est du moins ce que nous apprend un lieutenant de tirailleurs sénégalais qui veut bien nous accompagner dans notre visite.

Plusieurs Sénégalais portent au visage des cicatrices identiques comme disposition et comme siège. Ce sont des traits groupés au nombre de trois, à peu près parallèles, et placés sur chaque région temporale et sur la région frontale intersourcilière.

Quelques renseignements complémentaires sur la morphologie des tatouages cicatriciels des nègres nous ont été obligeamment communiqués par M. de Brazza, dont nous avons feuilleté la belle collection photographique. Les vrais *Pahouins* ont de cinq à sept stries teintées en noir dans la région de la nuque.

Les *Bateke* ou Makoko ont des stries cicatricielles au nombre de six sur chaque joue. Les *Shake* ont au-dessus de la racine du nez deux séries linéaires parallèles de petites cicatrices. Les *Bafourous* sont marqués de petites entailles sur le front ; ces entailles, sur deux ou trois rangées, s'étendent de la queue du sourcil d'un côté au côté opposé. Toutes ces marques sont tellement caractéristiques qu'elles suffisent à distinguer ces différentes peuplades.

Les traits cicatriciels sont bien apparents, car, à leur niveau, la peau est saillante et un peu moins pigmentée que dans la région voisine.

La différence entre la pigmentation des cicatrices et la pigmentation de la peau saine est appréciable, mais n'est pas très importante.

Chez le nègre, en effet, la régénération du pigment à la suite des lésions cutanées est un fait constant. Si ces lésions sont superficielles, si elles consistent seulement dans des érosions, des excoriations comme après l'application de vésicatoires volants, la repigmentation de la peau est rapide. Bien plus, lorsque la réparation est complète, la région de la peau superficiellement irritée, et par suite anormalement vascularisée, offre une hyperpigmentation notable. Nous avons pu voir chez un nègre des hyperpigmentations de ce genre, consécutives à des altérations syphilitiques. Les mêmes conditions qui chez le blanc exagèrent la fonction pigmentogène de l'épiderme, ont une égale influence chez le nègre.

Si les lésions de la peau sont profondes, si le derme est intéressé partiellement ou en totalité, la régénération du pigment chez le nègre est plus lente, mais elle ne manque jamais complètement. C'est ce que prouve la teinte des cicatrices qui correspondent à nos tatouages. La fonction pigmentogène n'est que légèrement atténuée à la surface un peu moins foncée des cicatrices.

Lorsque les pertes de substance de la peau chez le nègre ont une certaine étendue, comme après l'application de caustiques escarrifiants, la peau de nouvelle formation est mince, lisse et très peu teintée. Néanmoins, ces vastes cicatrices ont encore chez le nègre un ton jaunâtre brun, tandis qu'observées chez le blanc, dans les mêmes conditions, elles sont tout à fait dépourvues de pigment et très apparentes. La fonction pigmentogène de l'épiderme est donc subordonnée dans une certaine mesure à l'intégrité du derme cutané sous-jacent.

Nous avons entrepris ailleurs d'étudier expérimentalement les conditions de la régénération du pigment. Notre terrain expérimental a été la nigritie du chien, c'est-à-dire ces taches noires ou brunes que bon nombre de chiens présentent sur la peau des lèvres et sur la muqueuse de la bouche particulièrement.

La coloration noire de la nigritie du chien est due, comme la coloration de la peau des nègres, au même pigment mélanique inclus dans les cellules profondes de l'épiderme.

En tenant compte de ces analogies, nous avons tout lieu de croire que le processus de réfection du pigment est le même chez le nègre que chez le chien. Or chez le chien, après destruction superficielle de l'épiderme et du derme, on voit constamment le pigment se reformer sur la cicatrice primitivement incolore ; mais cette régénération du pigment chez le même animal demande un temps beaucoup plus long, plusieurs mois, si la perte de substance de la peau a été profonde (1).

Tout le monde peut voir à Paris en ce moment, hors de l'enceinte de l'Exposition, un curieux spécimen de tatouage européen qui mérite de trouver place dans cette *Revue*. C'est un homme qui s'exhibe sous le nom de capitaine *Constantenus*. Ne serait-ce pas le même qui a été observé par Virchow, sous le nom de *Costanti* ?

Constantenus paraît âgé de cinquante ans environ, il est un peu obèse ; malgré de grandes cicatrices sur les jambes, sa santé générale semble bonne.

Nous ne nous arrêterons pas à la fable (2) par laquelle son

(1) Expériences sur la régénération des épithéliums pigmentaires dans les *Bulletins de la Société d'anthropologie* (1889).

(2) Cet homme prétend être la victime du khan des Tartares, qui

barnum cherche à allécher le public. On peut regarder comme certain que Constantenus s'est fait tatouer en vue de l'exhibition, et que ces tatouages ont été faits par les procédés vulgaires : avec les aiguilles, l'encre de Chine et le vermillon.

Cet homme s'exhibe sans autre vêtement qu'un caleçon de bain agrémenté d'ornements en clinquant. Le torse et les membres sont nus.

Toutes les parties visibles du corps, y compris les joues et le front, sont couvertes de tatouages. A part quelques stries au vermillon sur la peau du ventre, la face dorsale des mains et des doigts, tous les autres dessins cutanés sont d'une teinte bleu foncé qui rappelle bien les tatouages faits à l'encre de Chine ou au charbon.

Le plus grand nombre de ces tatouages est informe, tant les figures sont pressées les unes contre les autres.

On distingue des éléphants, des lettres imitées plus ou moins grossièrement. De loin, les tatouages se fusionnent, et la peau des membres, du dos et de la poitrine a une teinte bleuâtre diffuse.

De près, les piqûres se détachent plus ou moins bien.

Il n'aurait fallu que serrer très peu les dessins pour changer complètement la coloration de la peau du corps. Tous ces tatouages, qui ne sont nullement remarquables au point de vue artistique, sont vraiment dignes d'attention par leur confluence. Nous avons eu l'occasion, alors que nous étions médecin de l'infirmerie centrale des prisons de Paris, d'examiner un très grand nombre d'hommes tatoués; mais jamais, même sur les anciens soldats des compagnies de discipline dont la peau est plus ou moins bigarrée de tatouages, nous n'avons rien vu d'approchant de Constantenus.

Il ressort manifestement de l'observation de ce fait que l'on peut, sans aucun inconvénient pour la santé générale,

lui aurait infligé le supplice d'être tatoué par deux millions de piqûres d'aiguilles...

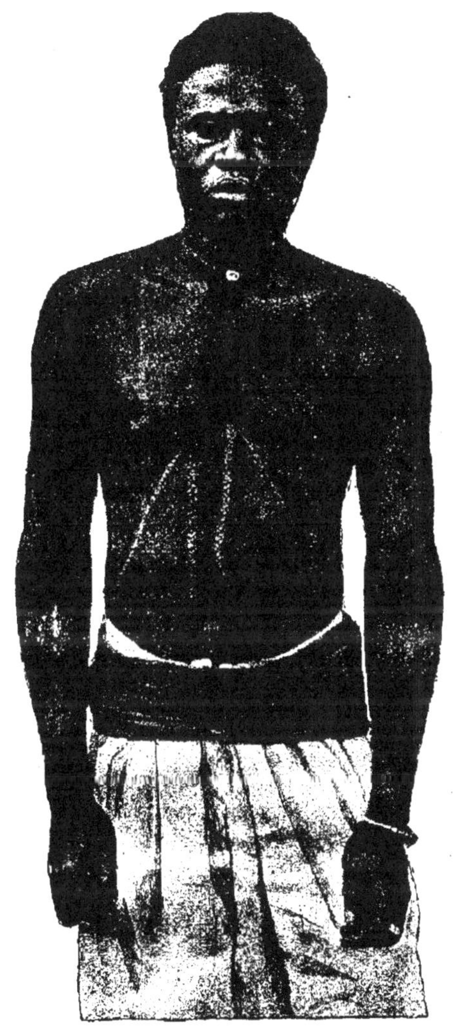

Fig. 3. — Nègre du village pahouin à l'Exposition coloniale.
Guirlandes cicatricielles sur l'abdomen.
(Photographie de M. Damaschino.)

changer la couleur de toute la peau du corps par le tatouage. Je pense même que la coloration des muqueuses labiale, buccale, conjonctivale, pourrait être modifiée de la même manière. Tous les accidents seraient évités, pourvu qu'on opérât à chaque fois sur des surfaces limitées et que les instruments et les couleurs employés fussent propres.

Peut-être les exhibitionnistes de l'avenir nous réservent-ils des surprises dans cet ordre d'idées. On obtiendrait des effets aussi variés que bizarres chez des hommes décidés à sacrifier la coloration normale de leur peau.

L'anthracose dermique, c'est-à-dire l'infiltration du tissu de la peau par de fines particules de charbon, est donc tout à fait inoffensive. Aucune des fonctions de la peau n'est troublée par l'interposition des grains de charbon. La vascularisation, la nutrition, les sécrétions, la sensibilité, restent absolument normales. Tous les dermatologistes savent que les vieux tatouages ne déterminent aucun phénomène irritatif.

Nous ne voulons pas nier les graves désordres que le charbon pulvérisé détermine lorsqu'il est introduit dans les voies respiratoires; mais nous déclarons que l'innocuité du charbon est à peu près complète lorsqu'il est incorporé aux tissus. Cela est parfaitement évident chez l'homme qui supporte le tatouage le plus étendu.

Chez les animaux, la vérification de ce fait est des plus faciles. Les vétérinaires ont tenté d'appliquer le tatouage pour marquer les animaux d'une manière indélébile. Nous avons imaginé nous-même un cachet à tatouer qui est une modification de la pince des vétérinaires. Les empreintes obtenues avec cet instrument sont très nettes et très stables et ne produisent aucun accident.

La tolérance de la peau pour le charbon est telle qu'elle se retrouve même chez les batraciens. L'an dernier, nous avons présenté à la Société d'anthropologie une grenouille dont le ventre blanc avait été tatoué hémilatéralement à l'encre de Chine. L'aspect ainsi obtenu était des plus bizarres

et d'une interprétation difficile pour un naturaliste non
prévenu.

Bien plus, on peut, comme nous nous en sommes assuré,
introduire sans inconvénient le charbon finement divisé
en quantité notable dans le tissu cellulaire sous-cutané et
dans les séreuses. Sur des lapins en expérience depuis
quatre mois, nous avons fait plus de trente injections hypo-
dermiques et intrapéritonéales d'une dilution concentrée
d'encre de Chine. Nos animaux sont aussi bien portants
qu'avant notre intervention, tant est grande la tolérance de
la plupart des tissus vivants pour le charbon.

Les peintures des Javanaises. — Les danseuses javanaises
sont une des grandes attractions de l'esplanade des Invalides. Ces jeunes femmes ne montent sur la scène qu'après
s'être recouvert la peau du visage et des membres d'un
maquillage compliqué. Les avant-bras et les bras, les
jambes, le haut de la poitrine sont teints en jaune avec du
safran. Cette couleur est de grande cérémonie à Java; elle
donne à la peau bronzée des Malais un reflet doré plus clair.

Le maquillage de leur visage est un véritable travail pour
les danseuses javanaises. Elles ne craignent pas de procéder
aux soins de leur toilette *coram populo;* nous avons donc
pu y assister et en analyser les détails.

Toute la peau du visage et du cou est d'abord enduite
d'une sorte d'empois qu'on laisse sécher, après l'avoir soi-
gneusement étalé. La figure paraît ainsi comme plâtrée.
Puis la danseuse s'arme d'un pinceau qu'elle trempe dans
l'encre de Chine et se dessine deux bandeaux noirs sur le
frcnt. Ces bandeaux, qui s'étendent depuis la racine des
cheveux jusqu'au voisinage des sourcils, semblent prolonger
la chevelure en avant. Une grosse bande noire, en forme de
mèche recourbée, est tracée de la même manière au-devant
des oreilles, sur la peau des joues. Les sourcils sont noircis
et un peu allongés avec le même pinceau, et une petite
mouche noire circulaire est ajoutée au-dessus du nez. Les
bavures de l'encre de Chine sont enlevées; les bords des

dessins sont rendus plus nets par un peu de blanc surajouté, puis les cheveux sont lissés avec une brosse imprégnée d'encre de Chine. L'excès de blanc est essuyé très légèrement avec un petit tampon, et la peau du visage reste recouverte d'une sorte de duvet qui atténue la teinte bronzée.

Par tous ces apprêts, le caractère de la physionomie est considérablement modifié. De loin, les bandeaux peints à l'encre de Chine donnent l'illusion des cheveux avec lesquels ils se confondent.

Nous ne décrirons pas longuement les peintures du visage des acteurs du théâtre annamite. Ce ne sont pas, en effet, des peintures décoratives, mais de véritables masques de théâtre absolument difformes.

Les principaux acteurs du théâtre annamite se barbouillent la peau du visage laissée libre par les barbes en crin de cheval dont ils s'affublent avec des couleurs vives, jaune, rouge, blanche, etc., délayées dans de l'huile d'olive. M. Sarcey nous dit que ces acteurs cherchent, en se grimant, à reproduire la tête des bêtes féroces de leur pays, et que tel se fait la figure d'un tigre pour que son aspect extérieur soit en rapport avec le caractère du personnage qu'il veut représenter.

Nous le croyons sur parole.

Peintures des Peaux-Rouges. — La troupe américaine de Buffalo-Bill compte environ une centaine de Peaux-Rouges ; ces hommes sont désignés communément sous le nom d'Indiens. Au moment des exercices qu'ils exécutent devant le public, les Indiens sont presque nus, ou, mieux, ils n'ont d'autre vêtement qu'une couche de couleur plus ou moins éclatante qui leur recouvre toute la peau du corps.

Le nom de Peaux-Rouges a été appliqué aux peuplades originelles de l'Amérique du Nord, moins à cause de la teinte naturelle de leur tégument qu'en raison de l'habitude qu'elles ont de se peindre la peau en rouge.

Il eût été fort intéressant pour nous d'étudier attentivement ces peintures, de démêler la part qu'il convient de faire à l'exhibition dans cette profusion de couleurs artificiellement étalées sur la peau, de rechercher les règles et la signification de ces parures guerrières. Mais nous avons dû nous contenter d'une inspection superficielle, car ces hommes sont un peu ombrageux ; ils se sont refusés à notre investigation. M. Wynne, ingénieur du camp, a bien voulu néanmoins nous donner quelques renseignements que nous reproduisons.

Les Indiens Peaux-Rouges qui ont été conduits à Paris sont originaires des États de Dakota, Montana et Jdaho. Ils appartiennent à différentes tribus : les Sioux, Ogollola, Cheyenne, Brulés, Arapahoès.

Les peintures, qui sont renouvelées quotidiennement pour les représentations, ne seraient en usage dans le pays des Peaux-Rouges que lorsqu'ils vont entrer en guerre, lorsqu'ils assistent à des cérémonies religieuses et dans quelques autres circonstances spéciales. On donne la préférence aux couleurs végétales pour cette ornementation, car les couleurs minérales sont irritantes pour la peau.

Nous avons remarqué que sur les membres et sur le tronc les couleurs pulvérisées étaient étalées à sec, par frictions, tandis que pour le visage on employait des mixtures grasses colorées, des pommades qui sont plus adhérentes.

Quelques hommes ont toute la peau du corps d'une teinte qui se rapproche de celle de l'ocre. Le visage seul, les joues, le nez et le front sont d'un rouge plus vif, qui rappelle le vermillon.

Un assez grand nombre de ces Peaux-Rouges sont entièrement badigeonnés en jaune serin. Chez d'autres, le vert domine. Quelques-uns ont des taches ou des bandes vertes sur le fond jaune, spécialement sur les jambes. Le visage est presque toujours de la teinte de l'ocre ou du carmin ; souvent ils se font des cercles jaunes autour des yeux, des mouches jaunes ou même bleues sur le menton et sur les joues.

A première vue, ces peintures si étendues n'ont d'autre

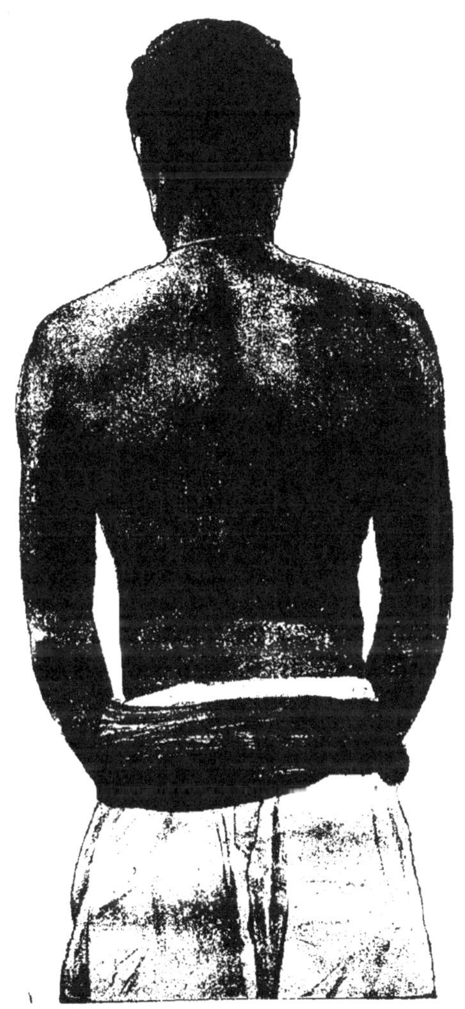

Fig. 4. — Nègre du village pahouin à l'Exposition coloniale.
Traînées irrégulières de cicatrices formant ceinture dans la région lombaire.
(Photographie de M. Damaschino.)

caractère commun que d'occuper toute la surface de la peau ; car les couleurs et les dessins semblent être changés suivant les caprices de la fantaisie quotidienne.

Les enfants mâles sont peints sur tout le corps comme les hommes. Un jeune garçon que nous voyions courir dans le camp, avec la figure peinte à l'ocre et le tronc et les membres peints en jaune et en vert, nous donne l'impression d'un petit perroquet.

Les femmes et les enfants femelles n'ont d'autre peinture que celle du visage. Une couche de rouge occupe les joues et le front. De plus, les cheveux noués en longues nattes pendantes de chaque côté de la tête sont séparés par une raie qui s'étend du front à la nuque. Cette raie est teinte en rouge vif. Ce trait rouge sur le cuir chevelu se retrouve chez les enfants ; parfois la raie est peinte en jaune.

Un certain nombre de Peaux-Rouges ont des tatouages vrais indépendamment de ces peintures, mais nous avons dû renoncer à les observer.

Nous bornerons là cette revue déjà longue. Le sujet que nous y avons traité semblera peut-être au premier abord frivole et même fantaisiste, et cependant il n'est pas sans quelque portée générale.

La décoration de la peau, cultivée dans tous les temps et chez tous les peuples sous des formes variées, se rattache à un des instincts primordiaux de l'humanité : l'amour de la parure.

C'est cet instinct qui guide l'homme le plus sauvage des îles Marquises lorsqu'il se scarifie et se peint toute l'enveloppe cutanée, aussi bien que la femme la plus raffinée qui recourt aux maquillages artistiques pour ajouter à ses charmes un éclat emprunté.

Les peintures des Peaux-Rouges, quelque altérées qu'elles puissent être chez des hommes qui s'offrent en spectacle au public, sont un bel exemple de parure guerrière primitive. De même que la femme cherche à accroître artificiellement ses grâces, de même le mâle, pour intimider ses ennemis, recourt à des moyens divers qui doivent rendre son *facies* effrayant. Les décorations colorées de la peau ont précédé les armures, les costumes éclatants des combattants.

Jules César nous apprend que les Bretons se peignaient le corps avec le *vitrum,* qui donnait une couleur d'azur et rendait leur visage plus terrible dans la mêlée (1).

D'après Pline l'Ancien (2), les jeunes femmes des Bretons s'enduisaient toute la peau avec le *pastel,* comme on le nommait en Gaule. Elles se montrent ainsi nues dans quelques cérémonies religieuses, semblables à des Éthiopiennes, tant elles sont noires. Ces coutumes étaient perpétuées par des traditions religieuses , *formæ gralia ritusque perpetui* (*loc. cil.*).

(1) César, *Comment. Bello gallico,* t. V, p. 14.
(2) Pline l'Ancien, *Hist. nat.,* ch. XXII.

REVUE SCIENTIFIQUE

(3e série)

Directeur : M. Ch. RICHÈT

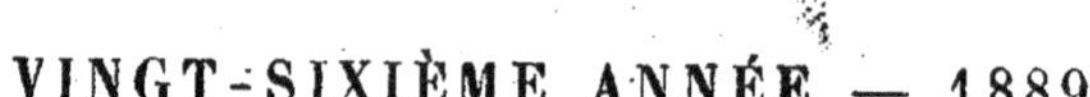

VINGT-SIXIÈME ANNÉE — 1889

Chaque livraison paraissant le samedi matin
contient 64 colonnes de texte

PRIX DE LA LIVRAISON : **60** CENTIMES

Prix d'abonnement :

	Six mois	Un an
Paris..	15 fr.	25 fr.
Départements et Alsace. . . .	18	30
Étranger..	20	35

L'abonnement part du 1er de chaque trimestre

ADMINISTRATION ET RÉDACTION

PARIS, 111, boulevard Saint-Germain

Paris. — Maison Quantin, 7, rue Saint-Benoît.